BEI GRIN MACHT SICH IHR WISSEN BEZAHLT

- Wir veröffentlichen Ihre Hausarbeit, Bachelor- und Masterarbeit

- Ihr eigenes eBook und Buch - weltweit in allen wichtigen Shops

- Verdienen Sie an jedem Verkauf

Jetzt bei www.GRIN.com hochladen und kostenlos publizieren

Emre Yildiz

Schopenhauers Kritik an Kants Kategorischem Imperativ

Wie gerechtfertigt ist die Kritik Schopenhauers?

GRIN Verlag

Bibliografische Information der Deutschen Nationalbibliothek:

Die Deutsche Bibliothek verzeichnet diese Publikation in der Deutschen National-
bibliografie; detaillierte bibliografische Daten sind im Internet über http://dnb.d-
nb.de/ abrufbar.

Impressum:

Copyright © 2012 GRIN Verlag GmbH
Druck und Bindung: Books on Demand GmbH, Norderstedt Germany
ISBN: 978-3-656-48157-7

Universität Potsdam

Philosophische Fakultät

Basismodul: Grundlagen der Ethik

Arthur Schopenhauer: Über die Grundlage der Moral

Schopenhauers Kritik an Kants kategorischem Imperativ

—

Wie berechtigt ist die Kritik Schopenhauers?

Essay

Schopenhauer: Über die Grundlage der Moral

Sommersemester 2012

Eingereicht von:

Emre Yildiz

2. Semester

„Handle nur nach der Maxime, von der du zugleich wollen kannst, dass sie als allgemeines Gesetz für alle vernünftigen Wesen gelte." (*Grundlegung zur Metaphysik der Sitten*, Akademie-Ausgabe Kant Werke IV, BA 52, S. 421) „Aber was kann ich denn eigentlich wollen, und was nicht?" (*Über die Grundlage der Moral*, §7, S. 54) fragt sich Schopenhauer und kommt zu dem Schluss, dass „ich nur das wollen kann, wobei ich mich am besten stehe." Es ist „niemand anders als der Egoismus" (ebenda, S. 53), der Kants obersten Grundsatz realisiert.

In meinem Essay werde ich der Frage nachgehen, ob und inwiefern Schopenhauers Kritik an Kants kategorischem Imperativ gerechtfertigt ist. Hierfür werde ich zuerst auf Kants obersten Grundsatz eingehen und ihn nur soweit erklären, dass es für die Essayfrage nötig ist. Im zweiten Schritt werde ich die Kritik Schopenhauers mithilfe seiner Argumentation einleiten und seine Schlussfolgerung bezüglich des Kategorischen Imperativs illustrieren. Im letzten Teil des Essays werde ich Schopenhauers Schlussfolgerung einer Kritik unterziehen. Mit einer Antwort auf die Leitfrage werde ich meinen Essay abschließen.

Kant erhebt für seinen kategorischen Imperativ ein absolutes und für alle vernünftigen Wesen geltendes oberstes Moralprinzip zu sein. Er lautet: „Handle nur nach der Maxime, von der du zugleich wollen kannst, dass sie als allgemeines Gesetz für alle vernünftigen Wesen gelte." Nach Kant darf er nicht Zweck für etwas anderes als seiner selbst sein. Mit anderen Worten, die Befolgung des Kategorischen Imperativs ist Selbstzweck. Wird er als Zweck außerhalb seiner betrachtet und bedient, ist er nicht mehr ein kategorischer, sondern ein hypothetischer Imperativ.

Nach Schopenhauer kann der Ausgangspunkt für die Befolgung des kategorischen Imperativs nur der Egoismus selbst sein. Denn die Frage, was man überhaupt wollen kann, führt uns auf die Suche nach einem Regulativ, welches uns sagen soll, was zu wollen ich imstande bin. Auf diese weiterführende Frage „Wo ist nun dieses Regulativ zu suchen?" hält Schopenhauer eine Antwort bereit: In nichts anderem „als in meinem Egoismus, dieser (…) lebendigen Norm aller Willensakte (…). (ebenda, S. 54)

Diese Sichtweise untermauert Schopenhauer durch die Unterscheidung zwischen einem passiven und aktiven Teil. Während der aktive Teil genau jener Teil ist, der nicht auf Werte wie, um einige zu nennen, Gleichbehandlung oder Gerechtigkeit angewiesen ist, da er beispielsweise durch Überlegenheit oder ähnlicher Disposition im Vorteil gegenüber anderen ist, bezeichnet der passive Teil das Gegenteil: Der im Vergleich zu anderen Positionen im Nachteil stehende und deswegen der Gleichbehandlung bedürftige Teil.

Im nächsten Schritt, ausgerüstet mit dieser Unterscheidung, stellt Schopenhauer fest, dass aus dem Grund, weil „ich (…) mich nicht bloß als den alle Mal aktiven, sondern auch als den eventualiter und zu Zeiten passiven Theil betrachten muss, (…) mein Egoismus sich für Gerechtigkeit und Menschenliebe (entscheidet)." (ebenda, S. 54) Das heißt, dieser Logik nach, ist Person A im Zeitpunkt x deshalb gerecht, weil sie später im Zeitpunkt y selbst gerecht behandelt werden will, obwohl Person A in x im Falle einer Ungerechtigkeit ihrerseits nichts zu befürchten hätte aufgrund ihrer Stärke o.Ä. Das Motiv dieser Logik ist, dass Person A in einem anderen Zeitpunkt y, ihre Stärke nicht besitzen könnte, und nun selbst von Person B ungerecht behandelt werden könnte. Diese Kalkulation identifiziert Schopenhauer als „der Egoismus".

Um seine Schlussfolgerung zu untermauern, bedient Schopenhauer einige Beweisführungen in Form von Zitaten aus Kants *Grundlegung zur Metaphysik der Sitten*. Nach Kant könnte „lügen" kein allgemeines Gesetz werden, „weil man mir dann nicht mehr glauben, oder mich mit gleicher Münze bezahlen würde." (*Grundlegung zur Metaphysik der Sitten*, S. 19). Zwei Gründe wären demnach zu finden: 1. Verlust der eigenen Glaubwürdigkeit; 2. Angst vor Vergeltung.

Gleicherweise könnte man nach Kant keine Maxime der Lieblosigkeit herleiten, denn es würden sich „doch Fälle ereignen können, (wo er anderer) Liebe und Teilnahme bedarf und wo er durch ein solches aus seinem eigenen Willen entsprungenes Naturgesetz, sich selbst alle Hoffnung des Beistandes (…) rauben würde." (*Grundlegung zur Metaphysik der Sitten*, S. 56) Dreht man die Maxime der Lieblosigkeit zur Maxime der Liebe um, wäre ganz klar zu erkennen welches Motiv dahinter steckt: Vorbeugung und Absicherung im Not.

Schopenhauer erkennt hinter all jenen moralischen Verpflichtungen, die allesamt aus dem obersten Grundsatz abgeleitet werden, eine „vorausgesetzte Reciprozität" (*Über die Grundlage der Moral*, S. 54), eine Wechselseitigkeit bzw. eine in Zukunft erwartete Gegenleistung: „Also ist hier so deutlich, wie nur immer möglich, ausgesprochen, dass die moralische Verpflichtung ganz und gar auf vorausgesetzter Reciprozität beruhe, folglich schlechthin egoistisch ist und vom Egoismus ihre Auslegung erhält (…). (ebenda, S. 55)

Vor dem Hintergrund eines reziprokes Handeln annehmenden und sich dadurch begründenden moralischen Verpflichtung scheint es in der Tat so, dass sich der kategorische Imperativ selbst aufhebt und zu einem, wie Schopenhauer feststellt, hypothetischen Imperativ wird. (vgl. S. 56) Denn er wird dadurch, dass der Handelnde vor Heimzahlung zurückschreckt oder auf Gegenleistung hofft, nicht mehr Selbstzweck, sondern ein aus egoistischer Kalkulation speisender Zweck außerhalb seiner.

Allerdings muss man an Schopenhauer die Frage stellen, ob er, wenn er von den zu seiner Beweisführung herangezogenen Argumentationsmechanismen Kants bezüglich „nicht-lügen" oder „Lieblosigkeit" absieht, das Fundament des obersten moralischen Grundsatzes Kants gänzlich und ausschließlich dem Egoismus zuschreiben könnte. Anders formuliert: Kann sich der kategorische Imperativ nicht aus einer anderen Quelle als dem Egoismus speisen und legitimieren? Kann der Ausgangspunkt der moralischen Verpflichtungen nicht außerhalb seines Selbst liegen? Denn wenn es möglich ist, der eigenen Handlung ein anderes, allgemeineres Motiv mit dem Fokus nicht auf das eigene Wohl, sondern dem der Allgemeinheit oder dem der gesamten Menschheit zugrunde zu legen, dann würde man Schopenhauers Egoismus-Vorwurf seine Grenzen zeigen.

Aus diesem Essay gehen zwei Schlussfolgerungen hervor. Zunächst ist klar zu erkennen, dass Schopenhauers Kritik des Egoismus an den Stellen, an denen er Kant bei der Begründung zweier moralischer Verpflichtungen zitiert, gerechtfertigt ist. Desweiteren wurde gezeigt, dass der kategorische Imperativ durch die Argumentation Schopenhauers nicht vollkommen zunichte gemacht wurde beziehungsweise dem Egoismus-Vorwurf selbst Grenzen aufweist. Findet der kategorische Imperativ einen Weg zu zeigen, dass er keine Reziprozität oder andere egoistische Beweggründe aufweist, könnte er sich aus der von Schopenhauer unternommenen Herabsetzung erheben und durchaus Geltung finden.

Sie haben ein sehr gutes Essay geschrieben. Die Darstellung und Diskussion hat in Ihrer Klarheit Vorbildcharakter. Toll! Unbedingt weiter so!